L n 1862 5.

ELOGE
DE MAURICE
COMTE DE SAXE,

Duc de Sémigalle & de Curlande, Maréchal Général des Armées de Sa Majesté Très - Chrétienne.

DISCOURS

QUI A REMPORTÉ LE PRIX
de l'Académie Françoise en 1759.

Par M. Thomas, Professeur en l'Université de Paris au Collége de Beauvais,

A PARIS,

Chez B. Brunet, Imprimeur de l'Académie Françoise, Grande Salle du Palais.

M. DCC. LIX.

ELOGE

DE MAURICE
COMTE DE SAXE.

TOUT homme qui a de grandes vertus ou de grands talens, a droit de prétendre à nos hommages, quand même placé loin de nous par la nature, jamais il n'eût influé fur notre bonheur. Le fondement de cette efpèce de culte, c'eft la gloire que les grands Hommes répandent fur l'humanité qu'ils honorent, & le befoin que nous avons de ces êtres fupérieurs, pour fuppléer à notre foibleffe. Mais fi né parmi nous, ou fixé par choix dans notre patrie, il a fervi l'Etat par fes talens, s'il l'a éclairé par fes lumières, s'il l'a orné par fes vertus, alors la reconnoiffance nous fait un devoir facré de ce tribut de

A

vénération & d'amour. L'intérêt même du genre humain exige & réclame cet hommage. Un grand Homme eſt un ouvrage long & pénible de la nature. Cette mère féconde de tant d'êtres qu'elle crée en ſe jouant, ſemble ne produire celui-ci qu'avec une réflexion profonde & lente. Qui ſait ſi nous ne pourrions pas l'aider dans cette production ſublime ? Qui ſait ſi le reſpect & l'admiration du genre humain pour ces hommes rares qui paroiſſent quelquefois, ne pourroient pas développer les germes de la grandeur dans certaines ames où l'ingratitude les glace, où le découragement les étouffe ? La gloire, dit un Ecrivain célèbre, eſt la dernière paſſion du Sage. Honorons les grands Hommes, & les grands Hommes naîtront en foule.

Il en eſt un que nous avons admiré long-temps, qui devenu notre Concitoyen par choix, a été notre vengeur & notre appui. A ces mots nous nous rappellons l'idée de MAURICE COMTE DE SAXE. Déja l'admiration & la reconnoiſſance de concert, lui ont élevé un monument. Le marbre amolli & vivifié par une main ſavante, nous a repréſenté les traits de ce grand Homme, avec les attributs de ſa gloire. A peine ce chef-d'œuvre de l'Art a-t-il été découvert aux yeux des François, qu'on les a vûs accourir à flots tumultueux. Le Magiſtrat & le Guerrier, la Cour &

le Peuple , tous ont contemplé dans ce marbre
l'image du bienfaiteur de la Patrie. A ce fpecta-
cle leur cœur s'eft ému d'un attendriffement invo-
lontaire : ils ont admiré fa vie & pleuré fa mort.

Un Corps augufte de Citoyens qui joignent
les vertus aux lumières , & la Philofophie des
Platons à l'éloquence des Démofthènes , veut
élever à ce Héros une autre efpèce de monument
plus durable que le marbre & que l'airain. Une
foule d'Orateurs paroît aujourd'hui dans cette refpectable Affemblée , & difpute le glorieux avantage d'avoir le mieux célébré un grand Homme.
Et moi je viens auffi prononcer d'une voix foible
quelques mots aux pieds de fa ftatue. Si je n'ai
pas la gloire de l'emporter fur mes rivaux , du
moins j'aurai celle d'avoir rempli les devoirs fa-
crés de la reconnoiffance : & fi je ne réuffis point
comme Orateur, je m'applaudirai comme Citoyen, d'avoir honoré , autant qu'il étoit en moi ,
le Défenfeur de mon Pays.

Laiffons aux flatteurs & aux efclaves le foin de
louer les hommes fur la diftinction d'une illuftre
naiffance. Pour nous , toutes nos paroles doivent
être pefées dans la balance de la vérité : & l'on
doit trop de refpect aux cendres d'un homme tel
que MAURICE, pour les outrager par de faux Eloges. Ne flattons point celui qui n'a jamais flatté.

Le feul mérite qui ait manqué à MAURICE, eft
celui de percer la foule pour s'élever : car je ne
puis diffimuler qu'il étoit né du Sang des Rois (a).
Mais comme une haute naiffance eft auffi un
pefant fardeau, parce que la grandeur des Ancê-
tres impofe la néceffité d'être grand, il eut le
mérite de foutenir par fes vertus ce poids immenfe de gloire.

Le plus fage des Philofophes, Socrate crut avoir
un génie qui veilloit auprès de lui. Ne pourroit-on
pas dire que tous les grands Hommes en ont un
qui les guide dans la route que leur a tracé la
nature, qui tourne de ce côté toutes leurs fenfa-
tions, toutes leurs idées, tous leurs mouvemens,
qui nourrit, échauffe, fait germer leurs talens,
qui les entraîne, qui les fubjugue, qui prend fur
eux un afcendant invincible, qui eft en un mot
l'ame de leur ame? C'eft ce qu'on put reconnoître dans MAURICE. Dès le berceau cette ame
fière & intrépide fembla s'élancer vers les combats.
A peine fa main put-elle foutenir le poids d'une
épée, qu'il renonça à tout autre amufement qu'à
l'exercice des armes. Il dédaigna d'abaiffer la hau-
teur de fon ame à l'étude de ces fciences plus cu-
rieufes qu'utiles, dont la connoiffance ingrate &
frivole occupe l'oifiveté de l'enfance : & femblable
à ces anciens Romains, il parut d'abord méprifer
tous les Arts, excepté le grand Art de vaincre.

La nature qui l'avoit destiné à être un de ces
Hommes qui étonnent le monde , pour le diftin-
guer en tout , lui avoit donné une force de corps
telle que les siècles héroïques l'admiroient dans
leurs Hercules & leurs Thefées ; avantage mal-
heureufement trop rare parmi nous , soit que l'efpèce humaine altérée dans fa fource , ait dégéné-
ré d'âge en âge ; soit que notre luxe , nos mœurs
corrompues , nos alimens empoifonnés nous éner-
vent & nous amolliffent ; soit que cet affoibliffe-
ment ait pour principe la négligence & l'oubli des
exercices du corps qui étoient si fort en honneur parmi les anciens ; soit que cet effet perni-
cieux réfulte de l'affemblage & du concours de
toutes ces caufes.

Avec cette ame généreufe & ce corps robufte ,
MAURICE ne tarda point à jetter les fondemens
de fa réputation. Dès l'âge de douze ans il fignala
fa valeur naiffante. L'Europe dans une guerre
fanglante , opiniâtre & compliquée , difputoit
alors à la France les dépouilles de la Maifon
d'Autriche , & la gloire de donner un Maître à
l'Efpagne. Eugène & Marlborough , fiers de l'honneur d'abaiffer un Roi qui avoit été la terreur
de l'Europe , tantôt unis , tantôt féparés , fouvent
vainqueurs , toujours redoutables , fecondoient
par la force de leur génie la jaloufie des Nations ,
prenoient des Villes , gagnoient des Batailles ,

arrachoient de tous côtés les barrières de la France., & donnoient à leur parti la même fupériorité
que les Condés & les Turennes avoient autrefois
donnée à LOUIS.

Ce fut fous ces deux Hommes célèbres que
MAURICE fit le noble apprentiffage de la guerre (*b*).
O révolution ! ô refforts fecrets & cachés des
Empires ! Ainfi les deux ennemis les plus redoutables de la France donnèrent les premières leçons de la victoire à celui qui devoit un jour en
être l'appui. Et les mains qui ébranloient le Trône de LOUIS XIV, guidèrent les premières
au combat le Héros qui devoit affermir un jour
le Trône de LOUIS XV. François, que ce
fameux Curchill vainquit à la journée de Malplaquet, du moins en cédant à votre deftinée,
vos grands cœurs euffent été confolés de leur dif-
grace, fi vous aviez fû que dans cette armée
de vos ennemis, fur ce même champ de bataille
combattoit un jeune Héros qui devoit un jour
vous venger, & effacer la honte de votre défaite
par une victoire célèbre dans tous les fiècles. *

Le fentiment intérieur des forces de fon ame,
fembloit apprendre à MAURICE que les grands
Hommes feuls étoient capables de le former.
Peut - être ce reffort de la nature qui fait gra-
viter les aftres les uns vers les autres, agit - il

* Bataille de Fontenoy.

auffi fur les grandes ames , & fait qu'elles s'at-
tirent mutuellement dans leur fphère.

Le Réformateur de fon Empire , le Créateur
de fa Nation, le Légiflateur du Nord, Pierre le
Grand , rempliffoit alors l'Europe & l'Afie du
bruit de fon nom. Inftruit par fes défaites dans
l'Art de vaincre , la profondeur & l'application
de fon génie l'avcient mis en état de donner des
leçons à fes vainqueurs. MAURICE attiré par la réputation de cet homme rare , vole au fiège de
Riga * pour admirer & pour apprendre à imiter
le difciple & le vainqueur de Charles XII.

Formé par tant de grands exemples , bientôt
il eft en état de combattre lui-même les Héros.
Le Monarque de la Suède , célèbre par fes victoires , & plus encore par la fingularité de fes
vertus , bravant les dangers comme les plaifirs ,
prodigue de fon fang comme de fes tréfors, fier
d'avoir conquis & donné des Etats , égal dans la
profpérité , inflexible dans le malheur , toujours
magnanime & au-deffus de fa fortune , vaincu &
maître d'un Royaume épuifé , mais redoutable
encore à quatre Rois puiffans , Charles XII dont
le nom feul valoit une armée , étcit forti de fa
retraite de Bender ; & tout le Nord allarmé fe
réuniffoit pour accabler ce lion à demi terraffé ,
avant qu'il eût pû reprendre fes forces. MAURICE

* En 1710.

A iiij

brigue avec empreſſement l'honneur de l'aller combattre (*c*). Déja il ſe ſent digne d'un ſi grand ennemi. On eût dit que ſon ame à l'approche de Charles XII eût reçu un nouveau dégré d'activité. L'image de ce Héros, le ſouvenir de ſes trophées, la vive impreſſion de ſa gloire pourſuivoit par-tout le génie de MAURICE, le réveilloit dans le repos, l'animoit dans les combats, le ſoutenoit dans les fatigues, le guidoit au milieu des dangers. C'étoit à une ame telle que la ſienne à connoître & à admirer Charles XII. Il ne peut le voir que ſur la brêche ou dans un champ de bataille; c'eſt là qu'il le cherche des yeux; l'ardeur de la mêlée lui apprend où il doit le trouver : il y vole; il l'approche, s'arrête & l'admire. Il ne vit point autour de lui la pompe & la majeſté du Trône ; mais il y vit la valeur, l'intrépidité, la grandeur d'ame, des Etats conquis & neuf années de victoires. Ce grand ſpeƈtacle inſpira au jeune MAURICE pour le Heros Suédois une vénération profonde qui le ſuivit juſque dans le tombeau.

Paſſionné pour la gloire, avide de s'inſtruire, par-tout où il peut vaincre, c'eſt là ſa Patrie. Il devient encore une fois le diſciple d'Eugène. Ce grand Homme affermiſſoit les barrières de l'Empire contre ce Peuple obſcur dans ſa ſource, mais redoutable dans ſes progrès, ennemi des Chrétiens, par Religion comme par Politique : qui

forti des marais de la Scytie, a inondé l'Afie &
l'Afrique, fubjugué la Grèce, fait trembler l'Ita-
lie & l'Allemagne, mis le fiége devant la Capitale de l'Autriche, & dont les débordemens
peut-être auroient dès long-temps englouti l'Europe, fi la difcipline & l'Art de la Guerre ne de-
voient avoir néceffairement l'avantage fur la fé-
rocité courageufe. MAURICE étudia contre ces
nouveaux ennemis l'Art de prendre les Villes, &
de gagner les batailles (d).

Il eft des Guerriers qui ne font que braves, qui
ne favent qu'affronter la mort, auffi incapables
de commander aux autres qu'à eux-mêmes, femblables à ces animaux belliqueux, fiers & intré-
pides au milieu des combats, mais qui ont befoin
d'être conduits, & dont l'ardeur doit être fans ceffe
retenue ou guidée par le frein. Comme MAURICE
fentoit en lui-même cette fupériorité qui donne
le droit de commander aux hommes, dans le
temps qu'il combattoit en foldat, il obfervoit en
Philofophe. Un champ de bataille étoit pour lui
une école, où parmi le feu, le carnage, le bruit
des armes, le tumulte des combattans, tandis
que la foule des Guerriers ne penfoit qu'à donner
ou à éviter la mort, fon ame tranquille embraf-
fant tous les grands objets qui étoient fous fes
yeux, étudioit l'Art de faire mouvoir tous ces
vaftes corps, d'établir un concert & une harmo-

nie de mouvement entre cent mille bras, de combiner tous les refforts qui doivent concourir enfemble, de calculer l'activité des forces & le temps de l'exécution, d'ôter à la fortune fon afcendant & de l'enchaîner par la prudence, de s'emparer des poftes & de les défendre, de profiter de fon terrein & d'ôter à l'ennemi l'avantage du fien, de ne fe laiffer ni étonner par le danger, ni enivrer par le fuccès, de voir en même temps & le mal & le remède, de favoir avancer, reculer, changer fon plan, prendre fon parti fur un coup d'œil, de faifir avec tranquillité ces inftans rapides qui décident des victoires, de mettre à profit toutes les fautes & de n'en faire foi-même aucunes, ou ce qui eft plus grand, de les réparer, d'en impofer à l'ennemi jufque dans fa retraite, & ce qui eft le comble de l'Art, de tirer tout l'avantage qu'on peut tirer de fa victoire, ou de rendre inutile celle de fon ennemi. Telles étoient les leçons fublimes qu'Eugène donnoit à MAURICE. L'un méritoit la gloire de les donner, l'autre celle de les recevoir ; & ces deux Hommes étoient également dignes l'un de l'autre.

Bientôt une Paix profonde fuccéda aux troubles de la Guerre (e). Alors d'un bout de l'Europe à l'autre les Nations furent tranquilles ; & les calamités du genre humain dans ce beau climat toujours défolé, furent au moins fufpendues pour quelque temps. MAURICE qui ne pouvoit plus exercer sa valeur dans les combats, ne perdit point de vûe ce grand Art pour lequel la nature l'avoit formé. Il savoit qu'outre la discipline des camps, & cette Ecole guerrière où l'on apprend à combattre & à vaincre par sa propre expérience, il est une autre manière de s'instruire dans le silence de la retraite, par l'étude & par les réfléxions. En effet depuis la révolution qu'a produite en Europe l'invention de la Poudre, & sur-tout depuis que la Philosophie née pour consoler les hommes, & pour les rendre heureux, a été forcée de leur prêter ses lumières pour leur apprendre à se détruire, l'Art de la Guerre forme une science aussi vaste que compliquée, composée de l'assemblage d'un grand nombre de sciences réunies & enchaînées l'une à l'autre, qui se prêtent un appui mutuel, & dont on ne peut détacher un seul anneau sans que la chaîne soit interrompue.

MAURICE jetta ses regards sur tous les Peuples de l'Europe, pour en trouver un qui fût digne de l'instruire ; & son choix se fixa sur la France. Cet ascendant de réputation & de gloire que LOUIS XIV, Colbert & les Arts lui avoient donné, & que dix années d'orages & de malheurs n'avoient pû lui faire perdre, se conservoit encore sous la Régence d'un Prince qui cultivoit, honoroit, jugeoit tous les Arts, savoit connoître

les hommes , & à qui il n'a manqué dans ſes grandes vûes , que de ſavoir s'arrêter avant le point
où commence l'excès.

La réputation de MAURICE l'avoit devancé à
la Cour de Verſailles. Le génie de Philippe connut bientôt qu'il la méritoit , & qu'il la ſurpaſ-
feroit un jour. MAURICE fut donc attaché à la
France par un grade (ƒ) qui excita la jalouſie des
Courtiſans : mais ils ne voyoient en lui qu'un
jeune Etranger , ami des plaiſirs ; & le grand
Homme leur échappoit. Philippe jugea MAURICE
en Homme d'Etat : & MAURICE juſtifia Philippe.

Dès-lors il ſe conſacra tout entier à l'étude
de ces Sciences ſérieuſes & profondes qui ſont
devenues les compagnes & les miniſtres de la
guerre. L'Art d'Euclide lui apprit à connoître les
propriétés générales de l'étendue figurée , à calculer les rapports de ſes différentes parties , & lui
donna cet eſprit de combinaiſon qui eſt le fondement de tous les Arts où l'imagination ne do-
mine pas , auſſi néceſſaire au Général qu'à l'Aſ-
tronome , & qui a formé Turenne & Vauban ,
comme Archiméde & Neuton. L'Art du Génie le
ramenant de ce monde intellectuel dans le monde phyſique , lui apprit à faire uſage de ces no-
tions abſtraites , en les appliquant aux Fortifications , à l'attaque & à la défenſe des Places : &
pour la gloire de MAURICE, il ſuffit de dire

qu'il eût des vûes qui avoient échappé à Vauban
& à * Cohorn. L'Art qui enseigne les propriétés
du mouvement, qui mesure les temps & les es-
paces, qui calcule les vîtesses, qui fixe les loix
de la pesanteur, qui commande aux Elémens dont
il assujettit les forces, exerça aussi ce génie ar-
dent & (g) facile. A ces études il joignit celle de
l'Histoire. Guidé dans ce labyrinthe immense par
l'exacte connoissance des lieux, il observoit, étudioit & jugeoit les grands Hommes. Laissant les
dattes aux compilateurs, & les détails qui ne sont
que curieux, aux esprits oisifs & frivoles, à tra-
vers l'étendue immense des siècles & des lieux, il
ramassoit de toute part les traits de lumière qui
pouvoient l'éclairer, & s'instruisoit par les grands
exemples comme par les fautes des Hommes célèbres. Ses propres réfléxions contribuèrent encore
à le former, & il joignit ses lumières à celles de
tous les siècles. Malheur à qui n'a jamais pensé
par lui-même ! Quelque talent qu'il ait reçu de la
nature, il ne sera jamais mis au premier rang des
Hommes. MAURICE plein de cette hardiesse qu'in-
spire le génie, écartoit la barrière du préjugé
pour reculer les limites de son Art, après avoir
trouvé le bien, cherchoit le mieux, parcouroit
tous les possibles, s'élançoit au-delà du cercle
étroit des évenemens passés, & suppléant à la nature, créoit des combinaisons nouvelles, imaginoit

---

‡ Cohorn est le Vauban des Hollandois,

des dangers pour trouver les reſſources, étudioit ſur-tout la ſcience de fixer la valeur incertaine & variable du ſoldat, & de lui donner le plus grand degré d'activité poſſible, ſcience la plus profonde, la plus inconnue & la plus néceſſaire.

Que ne puis-je élever ici ma voix, & la faire entendre à tous ceux qui ſe conſacrent à la défenſe de la Patrie, à vous ſur-tout qui appellés par votre rang aux premiers honneurs de la guerre, conſumez pendant la paix des jours inutiles dans le néant de l'indolence, ou dans les fatigues de la volupté ! Guerriers, vous portez un nom illuſtre, vous êtes braves, la nature vous donna des talens, peut-être même du génie ; mais ces qualités ne ſuffiſent point encore. Imitez MAU-RICE dans ſes études : ce n'eſt qu'à ce prix que vous pouvez prétendre à l'égaler dans ſes travaux. (h).

Tandis que la France formoit ce Héros, elle fut menacée de le perdre. (i) Cette République du Nord, compoſée d'un Roi dépendant, d'une Nobleſſe guerrière & d'un Peuple eſclave, & ce vaſte Empire qui d'un côté touche à la Pologne, & de l'autre aux frontières de la Chine, ſe diſputoient le droit de protéger, c'eſt-à-dire d'aſſervir la Curlande. Cet Etat foible, mais libre, qui avoit beſoin d'un grand Homme pour conſerver ſon indépendance, élut MAURICE pour Souverain. A peine cet honneur dangereux fut-il remis entre ſes mains, qu'il eut à ſoutenir les efforts de ces deux Peuples rivaux d'intérêt, mais ſes communs ennemis. On le vit braver en même temps & les décrets orgueilleux de la Pologne, & les armes de la Ruſſie, négocier, tourà-tour & combattre, demêler les piéges que lui tendoit la perfidie, & ſoutenir un ſiége dans ſon Palais. S'il fut obligé de céder enfin aux deux Puiſſances les plus redoutables du Nord, du moins il ne manqua point à ſa fortune, & fit voir à ſes Peuples qu'il étoit digne d'être leur Souverain. Cette diſgrace, ſi c'en eſt une que d'être déchargé du fardeau de gouverner les hommes, l'attacha de plus en plus à la France.

Ce fut dans ces circonſtances (k) qu'il rédigea par écrit ſes Obſervations ſur l'Art Militaire, Ouvrage digne de Céſar ou de Condé, écrit de ce ſtyle mâle & rapide, qui caractériſe un Guerrier, plein de vûes profondes & de nouveautés hardies, où il juge la coutume avant de l'adopter, laiſſe les uſages pour examiner les principes, oſe créer des règles où il n'y en a point eu juſqu'alors, donne des préceptes pour le Général comme pour le Soldat, s'élève juſqu'au ſublime de l'Art & deſcend dans les détails, partie la plus pénible pour le Génie, parce qu'il eſt obligé de ralentir ſa marche rapide qui tend au grand dès le premier eſſor.

Le fruit de tant de travaux & de réfléxions devoit enfin paroître. La mort du Roi de Pologne troubla une Paix de vingt ans; & l'ambition de lui fuccéder arma deux Concurrens, entre lefquels les Nations fe partagèrent. Ainfi le droit d'élire fes Rois, le plus beau privilége des Peuples, & qui conferve feul aujourd'hui une foible image de la liberté primitive des hommes, eft devenu pour le genre humain une fource féconde de divifions & de malheurs. Augufte avoit pour lui la protection de l'Empereur & les armes de la Ruffie; Staniflas les armes de LOUIS. MAURICE apprit alors à l'Europe qu'il avoit choifi la France pour fa Patrie. On le vit facrifier les intérêts du fang & le nom de frère à fon attachement pour LOUIS, & préférer la gloire de fervir fous les François, à celle de commander les Troupes belliqueufes de la Saxe (*l*).

Déja les parties les plus importantes & les plus difficiles de l'Art de la Guerre lui font confiées. Barwik le charge de paffer le Rhin; & l'habileté avec laquelle il conduit ce projet, juftifie le choix qu'on a fait de lui. Que n'ai-je la plume de cet Homme éloquent * qui s'eft élevé au - deffus de lui-même en célébrant Turenne, ou de cet Orateur ** plus fublime encore, dont le génie s'eft trouvé de niveau avec l'ame du grand Condé !

* Fléchier. ** Boffuet.

Je tracerois le tableau de ce que MAURICE a
fait de grand dans les champs de l'Allemagne.
Vous le verriez cherchant les dangers avec le
même empreſſement que les autres cherchent les
plaiſirs, (*m*) montant la tranchée, livrant des aſſauts, enlevant des convois, forçant des retranchemens, décidant par ſa valeur du gain des batailles, donnant l'ordre en Général & l'exemple
en ſoldat, toujours actif, toujours infatigable,
adoré des troupes, redouté des ennemis, reſpecté des Généraux, eſtimé lui ſeul plus que des
bataillons entiers *.

C'eſt par ces exploits qu'il parvint au grade
de Lieutenant-Général. Il ne le dût point à ces
manœuvres ſourdes, à ces intrigues obſcures qui
aviliſſent les honneurs, & peut-être celui qui les
obtient. Il laiſſa ces moyens honteux à ceux qui
joignent la baſſeſſe à l'orgueil. Tandis que d'in-
dignes rivaux formoient des complots contre lui,
il traçoit des plans de campagne : il ne fit ſa
cour que ſur les champs de bataille : ſes Partiſans
furent les ſoldats qu'il commandoit, les ennemis
qu'il avoit vaincus ; la Gloire fût ſa Protectrice.
Il ne lui manquoit que de trouver un rival digne de lui. La fortune lui en oppoſe un. C'eſt

* Le Maréchal de Berwick ſur le point d'attaquer les ennemis à
Ethingen, voyant arriver le Comte de Saxe dans ſon camp. Comte, lui
dit-il, auſſi-tôt, j'allois faire venir trois mille hommes ; mais vous
me valez ſeul ce renfort.

Eugène (*n*). Déja il menace de paſſer le Rhin, &
de porter la déſolation dans la France. O Prince
qui étois né pour être l'amour & le vengeur d'un
pays dont tu as été la terreur, nous ne redou-
tons plus ton fatal génie ! Villars nous a appris à
Denain que tu pouvois être vaincu, & toi-même
tu as pris ſoin de nous former un Héros capable
de te combattre. En effet MAURICE ſuppléant
au petit nombre des troupes par l'art de ſe poſ-
ter, ſçut en impoſer à ce redoutable ennemi,
garder le paſſage du Rhin, & couvrir nos frontières. Eugène reconnut & admira ſon diſciple,
il s'avoua vaincu dans ſon Art : & le Succeſſeur
de LOUIS XIV connut alors qu'il avoit auſſi
ſon Turenne.

Les victoires de la France & la modération
de deux Rois, procurèrent bientôt à l'Europe
cette Paix où (*o*) l'on vit un Souverain légitime-
ment élu, ſacrifier ſes droits au repos des Nations. Ne croyons pas que MAURICE s'endormit
alors au ſein de la Gloire, & s'imagina ne pouvoir
plus rien ajouter à ſes lumières. C'eſt le vice de
la médiocrité ; elle regarde le cercle étroit qui
borne ſa vûe, comme la meſure de toute l'étendue poſſible. Le génie découvre encore des eſ-
paces immenſes, où l'eſprit des hommes vulgai-
res croit que tout finit. Celui qui avoit donné
en Allemagne de ſi belles leçons ſur l'Art Mili-

taire ; en prend lui-même de tous les Ecrivains
(p) célèbres qui ont approfondi cet Art. Ainsi l'O-
rateur de Rome, après avoir étonné de son éloquence la capitale du Monde, alla encore cher-
cher des Maîtres dans les Ecoles de l'Asie.

La mort de Charles VI ne tarda pas à replon-
ger l'Europe dans les dissensions dont elle com-
mençoit à peine à sortir. Telle est l'influence des
Rois sur la destinée du Monde. Ils le gouvernent
pendant leur vie, & l'ébranlent encore après leur
mort. Dans l'espace de quarante ans la mort de
trois Princes a excité trois guerres sanglantes. La
Prusse, la Bavière & la Saxe disputèrent à la Fille
de Charles VI l'héritage des vastes Etats de son
Père. La France animée contre l'Autriche par
cette ancienne rivalité que rien encore n'avoit
pû éteindre, & que le préjugé des Nations re-
gardoit depuis deux cents ans, comme nécessaire
à la balance de l'Europe, joignit ses armes à celles de la Bavière. La Bohème devint le théatre
de la guerre & des exploits de MAURICE.

Déja, malgré les rigueurs de la saison, Prague est assiégée par l'Electeur, & la fortune de
ce siége est confiée au Héros de la Saxe (q), Tout
semble conspirer contre le succès de l'entre-
prise. MAURICE voit les obstacles, & il est le
seul qui n'en est pas effrayé. Son génie lui répond
de la fortune. Il forme un projet dont la hardiesse

B ij

étonneroit tout autre que lui. L'ennemi approche;
dans la même nuit la tranchée s'ouvre ; la Ville
est prise ; l'ennemi peut à peine le croire ; & la
France applaudit à un succès qu'elle n'osoit es-
pérer. Cette conquête est bientôt suivie d'une autre aussi importante , & peut-être plus difficile.
(r.) Egra succombe. La conquête de la Bohème
est assurée ; & la communication avec la Bavière,
conservée libre. Dès ce moment les Nations eu-
rent les yeux fixés sur MAURICE, & le regar-
dèrent comme un de ces Hommes nécessaires au
destin des Empires, faits pour ébranler ou pour
soutenir les Etats.

Une révolution rapide changea bientôt la face
des affaires de l'Allemagne , & la guerre fut re-
portée du fond de l'Autriche aux bords du Rhin.
L'Alsace & la Lorraine sont sauvées une seconde
fois par MAURICE. L'embrasement de la guerre
s'étend & se communique. La haine de l'Angleterre & l'ambition intéressée de la Sardaigne se-
condent la politique de l'Autriche. La France
voit sans s'allarmer grossir le nombre de ses ennemis : elle a MAURICE pour défenseur. Déja
il a obtenu les deux récompenses les plus flatteu-
ses de ses grandes actions , la confiance de son
Roi & le sceptre des Guerriers. * Cet honneur
accordé à MAURICE devoit être utile à la France.

* Il fut fait Maréchal de France le 26 Mai 1744.

En effet fi le droit de commander en Chef eft un dépôt dangereux dans des mains foibles, on peut dire qu'il eft auffi néceffaire que jufte dans un grand Homme. Pour qu'il puiffe agir, il faut lui ôter toutes fes entraves : & trop fouvent l'on a vû le génie dépendant échouer dans fes projets, ou arrêté dans fa courfe par l'autorité timide ou peu éclairée.

La Nation & l'Europe fe fouviennent que LOUIS alla lui-même en Flandre fe mettre à la tête de fes troupes qui combattoient pour fa querelle, & que MAURICE mérita la gloire de fervir la fortune de LOUIS. Tandis que l'un par fes conquêtes rapides faifoit reconnoître en Flandre l'arrière-petit-Fils de LOUIS XIV, * l'autre par une inaction favante & mefurée con- tenoit l'ennemi au-delà de l'Efcaut, couvroit le fiége des Villes, & oppofoit aux Alliés un ram- part impénétrable.

Ces fuccès brillans font troublés par des re- vers. Le Rhin n'eft plus défendu par MAURICE, & les ennemis ont paffé ce fleuve. LOUIS plus grand par fon humanité que par fes conquêtes, vole en Alface au fecours de fes fujets. Un coup plus terrible menace l'Etat : LOUIS eft prêt à expi- rer. Du Rhin aux deux Mers & des Alpes à l'Ef- caut, ce n'eft que douleur, que gémiffemens,

* Prife d'Ipres, de Furnes & de Menin, par LOUIS XV.

que cris lugubres. Je crois voir une famille immenfe pleurer autour du lit funèbre de fon père,
tandis que des ennemis ardens profitent de ce
moment fatal pour venir arracher les dépouilles
de ces enfans malheureux. Les Alliés s'avancent
en Flandre à la tête d'une Armée formidable ;
& nous n'avons à leur oppofer que des troupes
affoiblies, découragées & inférieures en nombre.
Le defefpoir eft au-dedans ; la crainte au-dehors.
O ma Patrie, quels dangers t'environnent ! ô fortune de la France, fur qui maintenant vas-tu
t'appuyer ? MAURICE te refte : c'eft lui qui fera
ton foutien : c'eft lui qui à la tête de quarante
mille hommes en arrête foixante & dix mille.

* Ménager les forces de l'Etat & foutenir fa
réputation ; couvrir nos conquêtes paffées & empêcher les ennemis d'en faire aucunes ; fe tenir
près d'eux pour éclairer leur conduite, & fe pla-
cer dans des poftes où ils ne peuvent le forcer
à combattre ; obferver tous leurs projets & leur
dérober les fiens ; pénétrer par les mouvemens
qu'il voit, ceux qui lui font cachés ; ne laiffer jamais échaper ni un moment favorable, ni un pofte
avantageux ; joindre la hardieffe à la précaution ;
agir tantôt par des réflexions profondes, & tantôt
par ces illuminations foudaines qui font les élan-
cemens du génie ; avoir de la vivacité fans préci-

‡ Fameufe Campagne de Courtrai.

pitation , & du fang froid fans lenteur ; enfin éviter les batailles qui décident trop rapidement du
deftin des Etats , & faire la guerre fans rien donner
au hazard ; tel eft le grand Art que MAURICE
déploye dans cette Campagne , où il fit connoître
au monde la fupériorité que le génie a fur la
force , Campagne égale à celle de Fabius en Ita-
lie , & de Turenne en Allemagne , & qui un jour
fervira elle-même de leçon à la poftérité.

Cependant le nombre de nos ennemis augmente
encore. (ʃ) Ce Peuple actif, commerçant & labo-
rieux , refpectable par fa liberté , puiffant par fes
richeffes , vainqueur de la Mer qu'il a fû affervir
par fes flottes & dompter par fes digues , emporté
par le tourbillon qui agite l'Europe , s'arme pour
fes anciens oppreffeurs , pour les rivaux de fon
commerce , contre la Nation qui l'avoit autrefois
aidé à brifer fes fers , & qui lui offroit alors fon
alliance. L'Europe fe ligue contre la France ;
& la France oppofe MAURICE à l'Europe.

Déja il a fû tromper la vigilance de ces fiers
ennemis. Tournai eft invefti en leur préfence ,
& cette Place eft prête à fuccomber. L'Angleterre , l'Autriche , Hanovre & la Hollande réuniffent
leurs forces pour la défendre. Ils approchent. MAU-
RICE a formé le projet audacieux de continuer
en même temps un fiége & de livrer une bataille.
LOUIS accourt avec fon Fils. Il vient parta-

ger avec ſes ſujets la gloire & le danger de cette fameuſe journée *. O champs de Fontenoy ! vous allez enfin décider cette grande querelle. C'eſt dans cet eſpace étroit qu'eſt renfermée la deſtinée de quatre Empires.

Que ceux qui veulent ſavoir juſqu'où peut aller la force d'une grande ame, s'arrêtent ici pour contempler MAURICE. Il eſt expirant (t) ; & c'eſt lui qui eſt dépoſitaire du ſort de la France. Ce ſont des mains mourantes qui ſoutiennent ce fardeau immenſe. On diroit que les loix de l'humanité ne ſont point faites pour lui, & que ſon ame guerrière eſt indépendante du corps qu'elle habite. Son génie ſemble s'élever davantage parmi les ruines de ce corps qui s'écroule. Ange tutélaire de la France, veille ſur lui. Déja il a meſuré d'un œil rapide toute l'étendue du terrein, il a vu tous les avantages qu'il peut ou prendre ou donner, il a pénétré les projets des ennemis par leur arrangement, il a choiſi tous ſes poſtes, combiné les rapports de toutes les poſitions, fixé tout pour l'attaque, tout prévu pour la défenſe : il a diſtribué aux Héros qui le ſecondent, les détails de l'exécution, & s'eſt reſervé pour lui la partie la plus ſublime, celle d'attendre les haſards & de les maîtriſer.

Tout s'ébranle. Ces grands corps ſe heurtent

* Bataille de Fontenoy le 11 Mai 1745.

& s'entrechoquent. MAURICE tranquille au milieu de l'agitation, obferve tous les mouvemens avec le fang froid de la fupériorité, prend confeil des événemens, diftribue des fecours, donne des ordres, répare les malheurs. Sa tête eft auffi libre que dans le calme de la fanté. Il brave doublement la mort : il fait porter dans tous les lieux où l'on combat, ce corps foible qui femble renaître & fe multiplier par l'activité de fon ame. C'eft de ce corps mourant que partent ces regards perçans & rapides qui règlent, changent, ou fufpendent les événemens, & font les deftins de cent mille hommes. La fortune combat pour nos ennemis. Une utile terreur (*u*) a formé cette colonne dont les effets ont été regardés comme le chef-d'œuvre d'un Art terrible & profond. Toujours ferme, toujours inébranlable, elle s'avance à pas lents, elle vomit des feux continuels, elle porte par-tout la deftruction. Trois fois nos Guerriers attaquent ce rampart d'airain, trois fois ils font forcés de reculer. L'ennemi pouffe des cris de Victoire, le deftin de la France chancelle, la Nation tremble pour fon Roi. MAURICE voit des reffources où l'armée entière n'en voit plus. Au milieu de cette confufion & de ce trouble, il ramaffe toutes les forces de fon ame. Une triple attaque eft en même temps formée fur un nouveau plan. La colonne eft rompue, le Génie de la France fe raffure, & LOUIS eft

Vainqueur. O MAURICE! puifque tu n'es plus, permets au moins qu'un Citoyen obfcur mais fenfible s'adreffe à ta cendre : reçois pour ce grand bienfait les hommages de mes Concitoyens & les miens : la poftérité te doit fon admiration ; mais nous, nous te devons un fentiment plus tendre, nous devons chérir & adorer ta mémoire.

Les grandes batailles, femblables aux tremblemens de terre, donnent prefque toujours de violentes fecouffes aux Etats ; & plus le choc a été terrible, plus l'ébranlement s'étend & fe communique au loin. Tournay, Gand, Bruges, Oudenarde, Oftende, Ath & Nieuport, tombent devant les Vainqueurs de Fontenoy. Bruxelles qui étoit défendue par une armée entière, par dix-fept Généraux, par les rigueurs exceffives de la faifon, dans le temps qu'elle croyoit MAURICE loin d'elle, eft étonnée de fe voir prefqu'en même temps inveftie, affiégée & prife au milieu des glaces de l'hyver. A ces conquêtes en fuccèdent d'autres non moins rapides. Malines, Anvers, Mons, Louvain, Charleroi, ouvrent leurs portes aux Héros de la France. Namur eft foudroyé fur fes rochers. La honte irrite le courage de nos ennemis. Déja ils ont oublié la Journée fatale de Fontenoy. Ils ofent tenter une feconde fois la fortune. * Une nouvelle bataille eft pour

* Bataille de Raucoux le 11 Octobre 1746.

MAURICE un nouveau triomphe. Raucoux sera témoin de leur défaite. Tout ce que le génie de la guerre a pû inventer de plus terrible , se réunit ici. Je vois une armée nombreuse & intrépide, postée sur des hauteurs, retranchée de toute part, soutenue par des redoutes, défendue par cent pièces d'artillerie dont le feu combiné annonce une destruction presqu'inévitable. MAURICE a tout vû & tout disposé. Trois attaques se forment presque en même temps contre trois postes. Rien n'égale l'opiniâtreté de l'attaque que celle de la défense. Des deux côtés c'est la valeur qui combat ; mais MAURICE guidoit la valeur des François , & ils ont vaincu. Les ennemis fuyent à pas précipités , & mettent la Meuse entre eux & leur Vainqueur.

LOUIS qui doit à MAURICE des jours aussi brillans, n'a point la foiblesse orgueilleuse de ces anciens maîtres du Monde , plus fameux encore par leurs vices que par leurs grandeurs , chez qui les vertus étoient dangereuses , & qui ne pardonnoient presque jamais la gloire d'avoir bien servi l'Etat. * Le Général qui avoit vaincu , en arrivant dans ces Cours foibles & barbares, étoit forcé de cacher ses victoires comme des crimes , & après de froids embrassemens, unique témoignage d'une

---

* Ac ne notabilis celebritate & frequentiâ occurrentium introitus esset , vitato amicorum officio, noctu in urbem, noctu in palatium, ita ut præceptum erat, venit ; exceptusque brevi osculo & nullo sermone , turbæ servientium immixtus est. *Tacit. ex vita Agric.*

reconnoiſſance forcée, pour faire oublier ſa gloire, il ſe hâtoit de ſe confondre dans la foule des
eſclaves. L O U I S ſe ſent aſſez grand pour ne
pas ſe croire humilié par un grand Homme : & il
ne craint que de n'être pas aſſez puiſſant pour ré-
compenſer tant de ſervices. Il ſait que l'honneur
eſt l'aliment de l'ame des Héros. (x) Des diſtinc-
tions nouvelles ſont créées pour celui qui a fait
des exploits nouveaux. Un titre * ſuprême qui avoit
été la plus digne récompenſe de Turenne au milieu
de ſes triomphes, & de Villars au bord du tombeau, ſoumet à M A U R I C E toutes les armées de
L O U I S. Une confiance plus flatteuſe que les di-
gnités, lui donne un ami dans un Roi. L'envie
qui n'oſe élever ſes regards juſqu'à lui, frémit en
l'admirant, & ne murmure que dans la pouſſière.

M A U R I C E vole à de nouvelles victoires.
En vain l'Autriche & l'Angleterre épuiſent leur
ſang & leurs tréſors contre la France. En vain leur
politique pour déterminer la lenteur circonſpecte
de la Hollande, a ſû engager ces Républicains
à ſe nommer un Chef qui réunît dans ſa main
les rênes du Pouvoir, qui donnât plus d'harmo-
nie & d'activité à leurs deſſeins. Ils ont ſacrifié
leur liberté ſans augmenter leurs reſſources ; &
leurs craintes imaginaires les précipitent enfin
dans des maux réels. M A U R I C E a pénétré dans
la Flandre Hollandoiſe, & chaque pas qu'il y fait

---

* Titre de Maréchal Général de toutes les Armées du Roi.

eſt marqué par des conquêtes. Les nouveaux efforts des Alliés leur annoncent de nouvelles diſ-
graces. * Laufelt théatre d'un combat ſanglant,
conſacre le nom de MAURICE par une troiſième
victoire. Une entrepriſe hardie & que le ſuccès
ſeul peut juſtifier, eſt la ſuite de cette bataille.
(y) Une Ville qui avoit été l'écueil des deux plus
fameux Capitaines de leur ſiécle, & que les Nations regardoient comme imprenable, eſt aſſiégée,
attaquée & emportée d'aſſaut. Si MAURICE n'eut
point la gloire de cette conquête, il eut celle d'en
avoir formé le projet, & d'avoir appellé au ſer-
vice de la France l'illuſtre Danois qui l'exécuta. Il
eut la gloire encore plus rare d'employer un grand
Homme ſans en être jaloux. Le bruit de cette
chute retentit dans toute l'Europe. La Hollande
épouvantée tremble pour ſes Etats. L'Autriche &
l'Angleterre connoiſſent alors qu'il n'y a point de
barrière qui puiſſe arrêter la fortune de la France.

Rois, Peuples, Guerriers, ſoyez attentifs au
dernier ſpectacle que MAURICE vous prépare.
Quel eſt ce nouveau projet qu'il a formé? Que
ſignifient tous ces mouvemens combinés, ces
marches ſavantes? Quel ſera le point de réunion de
tous ces corps de troupes diviſés? Sur qui doit tomber l'orage qui gronde? Trois Villes ſe croyent
menacées en même temps. Les Alliés incertains

* Bataille de Laufelt le 2 Juillet 1747.

ignorent quel eſt le poſte qu'ils doivent abandonner, & celui qu'ils doivent défendre. Ils s'a-
gitent, ils ſe troublent. La foudre les éclaire en
tombant. Maſtricht eſt enveloppé. Quatre-vingt
mille hommes qui font préſens, ne peuvent arrêter MAURICE, & font réduits à l'admirer.
C'en eſt fait ; tant de ſuccès ont décidé du ſort
de la guerre. LOUIS Conquérant accorde la paix
aux Nations par humanité, & ſes ennemis vaincus l'acceptent par beſoin. Les victoires de MAU-
RICE ont donné le repos au monde.

Ce grand Homme, cher à LOUIS, adoré
de la Nation, craint & reſpecté de toute l'Europe, eſpéroit jouir paiſiblement de ſa gloire dans
le ſein du repos ; & la France l'eſpéroit avec lui.
On n'approchoit de ſa retraite de Chambord qu'a-
vec ce reſpect religieux qu'inſpire le ſéjour des
grands Hommes. Son Palais étoit regardé comme le Temple de la valeur & le Sanctuaire des
vertus guerrières. Mais ô foibleſſe ! ô néant ! Ce
Temple va devenir un tombeau. Il ſemble que
MAURICE ne devoit exiſter que pour faire de
grandes choſes, ou que ſon deſtin rapide n'eût
été ſuſpendu que pour la France. Dès qu'il a ceſſé
de vaincre, il diſparoît de deſſus la terre. Il
meurt (z) : & celui qui avoit été élu Souverain
par un Peuple libre, qui avoit été comblé de tant
d'honneurs, qui avoit gagné tant de batailles, qui

avoit pris ou défendu tant de Villes ; qui avoit
vengé ou vaincu les Rois, qui étoit l'amour d'une
Nation & la terreur de toutes les autres, compare
en mourant fa vie à un fonge.

Sa mort fut une calamité publique pour la
France, un grand événement pour l'Europe,
une perte pour l'humanité. LOUIS s'honora lui-
même, en honorant ce grand Homme de fes re-
grets. Les Courtifans qui font fi peu fenfibles,
furent attendris fur un deftin fi brillant & fi paffa-
ger. Le Peuple qui eft la partie la plus méprifée
& la plus vertueufe de l'Etat, pleura l'appui &
le défenfeur de la Patrie. Mais vous Guerriers qu'il
conduifoit dans les batailles, vous que tant de
fois il a menés à la victoire, quels furent alors
vos fentimens ? Pour les peindre, je n'aurai pas
recours aux vains artifices de l'éloquence. Les
grands mots expriment foiblement les grandes
douleurs. Je voudrois graver fur l'airain une action
que l'Univers doit apprendre, & dont la poftérité
doit conferver le fouvenir. Après que le corps de
MAURICE eût été tranfporté dans la capitale
de l'Alface, deux foldats qui avoient fervi fous
lui, entrent dans le Temple où étoit dépofée fa
cendre. Ils approchent en filence, le vifage trifte,
l'œil en pleurs. Ils s'arrêtent aux pieds du tombeau, le regardent, l'arrofent de leurs larmes.
Alors l'un d'eux tire fon épée, l'applique au mar-

bre de la tombe, comme pour en aiguiser le tran-
chant. Saisi du même sentiment son compagnon
imite son exemple. Tous deux ensuite sortent en
pleurant, l'œil fixé sur la terre, & sans proférer
un seul mot. S'il est un homme à qui cette action
ne paroisse pas l'expression la plus sublime du sentiment dans des ames simples & guerrières, la nature lui a refusé un cœur. Ils pensoient ces deux
Guerriers que le marbre qui touchoit aux cendres de MAURICE, avoit le pouvoir de com-
muniquer la valeur & de faire des Héros. Vous
ne vous trompez pas, dignes soldats de MAU-
RICE : tandis que son ombre, du milieu de
l'Alsace qu'elle habite, sémera encore la terreur
chez nos ennemis, & gardera les bords du Rhin,
la vûe du marbre qui renferme sa cendre, élévera
l'ame de tous les François, leur inspirera le courage, la magnanimité, l'amour généreux de la
gloire, le zèle pour le Roi & pour la Patrie.

APPROBATIONS.

JE n'ai rien trouvé dans le présent Discours qui a pour
titre, *Eloge du Maréchal de Saxe*, qui soit contraire
à la Foi & aux bonnes mœurs. A Paris ce 2 Juillet 1759.

MILLET, Docteur & ancien Syndic
de la Faculté de Théologie de Paris.

Je pense du présent Discours comme ci-dessus. Ce 2
Juillet 1759. LE SEIGNEUR.

NOTES HISTORIQUES.

PAge 4. (*a*) Le Comte de Saxe naquit le 19 Octobre 1696, de Frederic-Augufte II, Electeur de Saxe, Roi de Pologne, & de la Comteffe de Konifmark, Suédoife, auffi célèbre par fon efprit que par fa beauté.

Page 6. (*b*) En 1708 il étoit en Flandre dans l'Armée des Alliés, commandée par le Prince Eugène & par Marlborough. Il fut témoin de la prife de Lille en 1709. Il fe diftingua au fiége de Tournay, où il penfa périr deux fois. Il fe fignala au fiége de Mons. Il fe trouva à la bataille de Malplaquet, & ce jeune enfant dit le foir qu'il étoit content de fa journée.

Page 8. (*c*) Stralfund, la plus forte place de la Poméranie, étoit affiégée par les Rois de Pologne, de Danemarck & de Pruffe, & défendue par Charles XII. Le jeune Comte obtint la permiffion de fervir à ce fiége parmi les Troupes Saxonnes. Il y montra la plus grande intrépidité. Le défir de voir & de connoître Charles XII, le faifoit s'expofer dans les endroits les plus périlleux, parce qu'il penfoit que ce devoit être là le pofte du Roi de Suède. En effet il le vit & l'admira. Il conferva ce fentiment pendant toute fa vie. C'étoit la feconde fois qu'il combattoit à Stralfund. En 1711 il avoit fuivi devant cette place le Roi fon Père, il avoit paffé la rivière à la nage, à la vuë des ennemis, & le piftolet à la main.

Page 9. (*d*) En 1717 il fe rendit en Hongrie, où l'Empereur avoit contre les Turcs une Armée de 150000 hommes fous les ordres du Prince Eugène. Il fe trouva au fiége de Bellegrade & à une bataille fanglante que le Prince Eugène gagna fur les Turcs.

Page 10. (*e*) Le Traité d'Utrecht avoit terminé la guerre pour la fucceffion d'Efpagne, & calmé les orages du Midi. La mort de Charles XII avoit pacifié le Nord, & les victoires du Prince Eugène, en abbattant les forces de l'Em-

pire Ottoman ; procurèrent à l'Allemagne la paix de Paf-
farovitz.

Page 12. (*f*) Ce fut en 1720 qu'il fit fon premier voyage
à Paris. Il avoit eu de tout temps beaucoup d'inclination
pour les François. Ce goût fembla naître en lui avec le goût
de la guerre. La Langue Françoife fut même la feule Langue
étrangère qu'il voulut apprendre dans fon enfance. Le Duc
d'Orleans lui fit un accueil très-flatteur , & pour le fixer en
France, lui fit expédier un brevet de Maréchal de Camp. Il
eft daté du 7 Août 1720.

Page 13. (*g*) Le Comte de Saxe fixé à Paris en 1722 ;
employa tout le tems que dura la paix, à étudier les Mathé-
matiques, le Génie, les Fortifications & les Méchaniques.
Il avoit un talent naturel & décidé pour toutes ces Sciences
abftraites. Avant d'appliquer ces connoiffances à la guerre,
il les confacra à fervir fa nouvelle Patrie par un de ces ouvrages dont le projet feul fait honneur à un Citoyen, & dont
la gloire doit être indépendante du fuccès , puifqu'ils ont
pour but l'utilité publique. C'étoit une machine qu'il inventa
pour faire remonter les bateaux de Rouen à Paris , fans le
fecours des chevaux. Il fut obligé d'abandonner cette entreprife après y avoir dépenfé des fommes immenfes. Il
contribua beaucoup à la perfection d'une autre machine qui
fert à Paris, & par le moyen de laquelle on remonte les bateaux depuis le Pont-Royal jufque dans le baffin.

Page 14. (*h*) On fe croit obligé d'avertir que dans tout
ce détail, on parle moins en Orateur, qu'en Hiftorien. Les
Eloges des grands Hommes ne doivent être fondés que fur
les faits. Le Comte de Saxe fit l'étude la plus profonde de la
Guerre. Le délaffement de tant de travaux étoit un amufement guerrier. L'Art d'exercer les Troupes , cet Art qui
en augmentant la foupleffe du Soldat, fait que l'ordre fe
joint à la rapidité des évolutions, & que les bataillons pa-
roiffent de vaftes machines qui n'ont qu'un même reffort &
un même mouvement; cet Art qui a fi fouvent décidé de la
perte ou du gain des batailles, avoit prefqu'au fortir de l'enfance, fixé l'attention du Comte de Saxe. Dès l'âge de 16

ans, il avoit inventé un nouvel exercice & l'avoit fait exé-
cuter en Saxe avec le plus grand fuccès. En 1722, ayant
obtenu un Régiment en France, tous les jours il prenoit
plaifir à le former & à l'exercer lui-même felon fa nouvelle
méthode ; & ce fut peut-être fon exemple qui réveilla l'attention du Gouvernement fur cette partie de la Guerre,
trop négligée jufqu'alors parmi nous, & perfectionnée en
Pruffe par 50 ans d'application & de foins. Le Chevalier
Follard qui a paffé fa vie à étudier la Guerre, & à en donner
des leçons, eftimoit beaucoup la nouvelle Tactique inventée
par le Comte de Saxe. Voici comment il s'exprime lui-même
dans fes Commentaires fur Polybe, tom. 3, liv. 2, ch. 14,
§. 4. Après avoir parlé de l'utilité de plufieurs exercices,
il ajoute: *Ce que je viens de dire eft excellent ; mais il faut en-*
core exercer les Troupes à tirer felon la nouvelle méthode que le
Comte de Saxe a introduite dans fon Régiment : méthode dont je
fais grand cas, ainfi que de fon inventeur, qui eft un des plus
beaux génies pour la guerre que j'aie connu. L'on verra à la pre-
mière Guerre que je ne me trompe point dans ce que je penfe. Je
remarquerai ici à la gloire du Chevalier Follard, que c'étoit
en 1728 qu'il portoit ce jugement fur le Comte de Saxe.

Page 14. (i) La Curlande, ancien Duché qui avoit autrefois appartenu à l'Ordre Teutonique, formoit un Etat
Souverain, mais indépendant. Elle avoit fubi le fort des pe-
tits Etats qui font environnés de Nations puiffantes. N'ayant
point affez de forces pour être oppreffeurs, ils employent
la politique pour n'être point opprimés, & fe donnent un
Protecteur pour n'avoir point de Maître. La Curlande étoit
donc fous la protection de la Pologne. Cette République
avoit formé le projet d'éteindre la fouveraineté de ce Duché, & de le réunir à fes Etats à la mort de Ferdinand, Prince
qui avoit l'efprit auffi foible que le corps. Les Curlandois al-
larmés & jaloux d'être libres, réfolurent de faire échouer le
projet de la Pologne, en réglant la fucceffion éventuelle de
Ferdinand. Il leur falloit un Prince dont la réputation juftifiât
leur choix, qui eut affez de fermeté pour ofer les foutenir, &
affez de génie pour les défendre. Ils jetterent les yeux fur le

Comte de Saxe déja très-fameux dans le Nord. Il fut légiti-
mement élu Duc Souverain de Curlande le 5 Juillet 1726.
Auſſitôt il ſe forma contre lui un violent orage en Pologne.
D'un autre côté la Ruſſie, qui étoit trop puiſſante pour ne
point avoir auſſi quelques droits à réclamer ſur la Curlande,
fut indignée que ce Peuple oſât ſe croire libre, & n'eût point
été à Petersbourg ſe proſterner aux pieds du Trône pour y
demander un Maître. La Czarine vouloit faire tomber ce
Duché ſur la tête de Menzicoff, cet heureux avanturier qui
de garçon patiſſier, devenu Général & Prince, avoit encore
l'ambition d'être Souverain. Ce rival du Comte de Saxe,
pour ſe délivrer d'un concurrent ſi redoutable, réſolut de
le faire enlever. Il envoya à Mittaw 800 Ruſſes qui inveſ-
tirent le Palais du Comte & l'y aſſiégèrent. Le Comte qui
n'avoit que 60 hommes s'y défendit avec le plus grand courage. Le ſiége fut levé & les Ruſſes obligés de ſe retirer. Cependant en Pologne on s'aſſemble, on cabale, on tient des
dietes, on porte des décrets. Le Comte de Saxe eſt ſommé
de comparoître & de rapporter le Diplôme de ſon élection.
Il n'obéit point & ſa tête eſt miſe à prix. Il amaſſe de l'argent,
leve des Troupes, parle à ſes Peuples en Souverain, & s'ap-
prête à les défendre en Héros. Il fait pluſieurs voyages à
Dreſde, à Leipſik. Il ne craint ni la Ruſſie, ni la Pologne,
ni les aſſaſſins mercénaires que la proſcription armoit contre
lui. Il envoye des Miniſtres à Vienne, à Berlin, à Londres,
pour ſolliciter des ſecours. Il ſe retire avec ſes Troupes dans
l'Iſle d'Uſmaiz, & ordonne à tous ſes Partiſans de l'y venir
joindre. Les Ruſſes forment le projet de le forcer dans cette
retraite. Le Comte de Saxe n'avoit que 300 hommes, & ſes
retranchemens n'étoient point achevés. Le Général Ruſſe
qui avoit 4000 hommes, voulut joindre la perfidie à la force,
& le ſurprendre dans une entrevue. Le Comte fut inſtruit de
ce complot, le fit rougir de ſa lâcheté, & rompit la confé-
rence. Cependant comme il n'avoit point aſſez de forces,
il fut obligé d'abandonner cette Iſle. Pendant ce temps-là, des
Commiſſaires de la Pologne étoient arrivés dans la Capitale
de la Curlande, où ces Protecteurs orgueilleux agiſſoient en

maîtres, faisoient juger les amis du Comte de Saxe, cassoient son élection, & régloient d'un ton despotique la forme de gouvernement d'un peuple libre. Le Comte de Saxe trop foible pour défendre contre la Russie & la Pologne ses droits & ses Sujets opprimés, fit des protestations, unique ressource dans le malheur, & attendit une circonstance favorable. Elle se présenta en 1736. Le Duc Ferdinand mourut cette année-là. Le Duché sembloit appartenir de droit au Comte de Saxe. Mais l'Impératrice de Russie eut le crédit de faire élire le Comte Biron, qui étoit alors auprès d'elle dans la plus haute faveur ; & la force l'emporta encore sur la justice. La Czarine mourut en 1740, & sa mort entraîna la chute de son Favori. Il fut arrêté. Son crime étoit d'être étranger & trop puissant. Jugé & condamné, il fut transporté dans les deserts de la Sibérie où on lui permit de vivre. Cet événement ranima les espérances du Comte de Saxe ; mais elles furent encore trompées. Le nouveau choix de la Curlande déterminé par l'influence des Etats les plus puissans, tomba sur le Prince Louis de Brunsvik. Une nouvelle protestation du Comte de Saxe annonça à l'Europe la justice & l'inutilité de ses prétentions ; & il fut réduit à grossir la foule des Princes, que les passions des hommes ont dépouillés de leurs droits légitimes.

Page 15. (*k*) Il composa en 1732 l'ouvrage qui porte pour titre, *Mes Rêveries*. Une anecdote singulière & qu'on aura peine à croire, c'est qu'il étoit malade & avoit la fièvre lorsqu'il le fit. L'ouvrage fut composé en treize nuits. Il le retoucha & y fit des augmentations après la paix de 1736.

Page 16. (*l*) L'Electeur de Saxe au commencement de cette guerre offrit au Comte son frere le Commandement général de toutes ses Troupes. Celui-ci aima mieux servir en France en qualité de Maréchal de Camp, & se rendit sur le Rhin à l'Armée de M. de Bervick.

Page 17. (*m*) Le 23 Octobre 1733, après le passage du Rhin, il monte à la tranchée au Fort de Kehl, & a un Capitaine tué à côté de lui. En 1734 au commencement de la Campagne, à la tête de deux cents Dragons, il fe rend maître d'un convoi gardé par 1200 hommes. Le 27 Avril il fe trouve à deux aſſauts qui fe livrent le même jour à la Ville de Trarbak dans le Palatinat. Au ſecond aſſaut il voit ſept Grenadiers tomber autour de lui. A Etlinghen, à la tête d'un détachement de Grenadiers, il pénétre dans les lignes des ennemis, en fait un grand carnage, & décide la victoire. Au ſiége de Philiſbourg, fameux par ſa difficulté & par la mort du Maréchal de Bervick, il eſt chargé d'un très-grand nombre d'attaques, qu'il exécute avec autant de ſuccès que d'intrépidité. Ce fut immédiatement après ce ſiége qu'il fut nommé Lieutenant-Général. L'acte par lequel le Roi lui donne cette dignité, eſt du premier Août 1734.

Page 18. (*n*) En 1735, le Prince Eugène qui commandoit l'Armée Impériale, avoit formé le projet de paſſer le Rhin à Manhein, & de pénétrer dans le Pays Meſſin. Le Maréchal de Coigny détacha le Comte de Saxe pour arrêter les Impériaux. Le Comte choiſit un poſte ſi avantageux, que le Prince Eugène, quoique très-ſupérieur en forces, n'oſa jamais haſarder ce paſſage.

Page 18. (*o*) Par la Paix de 1736, Staniſlas Leczinſki, Beau-Père de Louis XV, élu deux fois Roi de Pologne, l'une en 1704, l'autre en 1733, renonça à ce Royaume, en gardant le titre de Roi. Le Duché de Lorraine & de Bar lui fut donné en dédommagement; & François Duc de Lorraine, gendre de l'Empereur, eut en échange le grand Duché de Toſcane.

Page 19. (*p*) Le Comte de Saxe avoit connu en 1731 le Chevalier Follard, & s'étoit lié avec lui. Cet Officier paſſionné dès ſon enfance pour l'art de la Guerre, avoit paſſé ſa vie à combattre & à méditer. C'étoit un Guerrier plein de vûes, qui joignoit la méthode à la hardieſſe des idées. C'eſt aux maîtres de l'art à décider s'il eut raiſon de vouloir appliquer à tous les lieux & à toutes les circonſtances ſon ſyſtême de la Colonne, & de rapporter tout à cet objet. Il a laiſſé dans un Commentaire ſur Polybe le vaſte dépôt

de fes connoiffances & de fes réflexions. Ces deux hommes ;
que le même goût, ou plutôt la même paffion avoit unis ;
tenoient tous les jours enfemble des conférences de deux
ou trois heures, où ils fe communiquoient leurs idées fur
les opérations militaires. Ce fut dans le même temps que
le Comte de Saxe étudia tous les Auteurs anciens qui ont
traité de la Guerre. Il lut Polybe en entier. Il avoit un
goût particulier pour un Auteur peu connu, & qui cependant mérite de l'être. C'eft Onozander qui vivoit fous
les Empereurs Romains. Il a fait un ouvrage fur la manière de conduire les Armées. Le Comte de Saxe l'avoit fouvent à la main, & le portoit toujours avec lui. Nous n'en
avons jufqu'ici qu'une traduction en vieux ftyle. On nous
en promet une nouvelle de M. le Baron de Surlauben ,
Membre de l'Académie Royale des Infcriptions, & Auteur de l'Hiftoire Militaire des Suiffes.

Page 19. (*q*) Prague fut affiégée à la fin de Novembre
en 1741. L'Electeur de Bavière , depuis Empereur fous
le nom de Charles VII, confia au Comte de Saxe les
opérations du fiége. La grandeur immenfe de cette Capitale , le grand nombre des Troupes qui formoient la garnifon, le défaut de vivres dans le camp, les rigueurs exceffives de la faifon, & plus que tout cela, l'approche d'une
Armée de 30000 hommes qui voloit à fon fecours, &
qui n'étoit plus qu'à cinq lieues, tout cela faifoit craindre
beaucoup pour le fuccès. Le Comte de Saxe réfolut de
prévenir l'arrivée des Ennemis, & d'emporter la Ville par
efcalade. Il confia fon projet à un Officier digne de le fe-
conder ; c'étoit M. de Chevert, alors Lieutenant-Colonel,
aujourd'hui Lieutenant-Général. Le 15 Novembre la tranchée fut ouverte, & la même nuit Prague fut emportée
d'affaut.

Page 20. (*r*) La conquête d'Egra étoit d'autant plus
importante, que les Ennemis y avoient tous leurs magafins.
Cette Ville étoit fi forte, que le Prince Charles crut qu'il
n'étoit pas néceffaire d'y jetter du fecours. Elle fut inveftie
par le Comte de Saxe le 2 Avril 1742. Une garnifon

nombreufe, un Chef habile, l'abondance de tout ce qui fait le nerf & le reffort de la Guerre, toutes les reffources de cet Art ingénieux & favant inventé par les Modernes pour défendre les Places, ne purent empêcher qu'elle ne fût prife après quelques jours de tranchée ouverte. Cette conquête fit beaucoup de bruit dans l'Europe, & caufa la plus grande joie à l'Empereur Charles VII, qui écrivit de fa propre main au Comte de Saxe pour l'en féliciter.

Page 23. (*s*) Dans l'hiver de 1745 il fe conclut un Traité d'union à Varfovie, entre la Reine de Hongrie, le Roi d'Angleterre, l'Electeur de Saxe, & la Hollande. L'Ambaffadeur des Etats Généraux ayant rencontré le Maréchal de Saxe dans la Galerie de Verfailles, lui demanda ce qu'il penfoit de ce Traité. *Cela eft fort indifférent à la France*, reprit le Maréchal ; *mais fi le Roi mon Maître veut me donner carte-blanche, j'en irai lire l'original à la Haye, avant que l'année foit paffée.*

Page 24. (*t*) Lorfque la Bataille de Fontenoy fe livra, le Maréchal de Saxe étoit prefque mourant. Il fe faifoit traîner dans une voiture d'ofier, pour vifiter tous les poftes. Pendant l'action il monta à cheval ; mais fon extrême foibleffe faifoit craindre qu'il n'expirât à tous momens. C'eft ce qui fit dire au Roi de Pruffe dans une lettre qu'il lui écrivit long-temps après, »qu'agitant il y a quelques jours »la queftion de favoir quelle étoit la Bataille de ce fiécle »qui avoit fait le plus d'honneur au Général, les uns avoient »propofé celle d'Almanza, & les autres celle de Turin ; »mais qu'enfin tout le monde étoit tombé d'accord que c'é- »toit fans contredit celle dont le Général étoit à la mort, »lorfqu'elle fe donna.

Page 25. (*u*) Cette fameufe Colonne dont on a fait honneur au génie de nos Ennemis, fut prefque l'ouvrage du hafard. L'Infanterie Angloife étoit d'abord rangée fur deux lignes ; & fes flancs expofés au feu de notre artillerie, fouffroient beaucoup. Ce fût ce qui obligea cette Infanterie à fe refferrer pour préfenter un front moins large, & à former ce bataillon quarré qui fit tant de progrès & de ravages,

& qui donna pendant une heure entière la victoire à nos
Ennemis. Le Maréchal de Saxe pour l'enfoncer, le fit attaquer en même temps de front & par les deux flancs. Ces
trois attaques concertées ensemble, & exécutées avec la
plus grande intrépidité, arrachèrent enfin la victoire aux
Anglois.

Page 28. (*x*) Au mois d'Avril 1746, le Roi donna
au Maréchal de Saxe des Lettres de Naturalité. Elles font
conçues dans les termes les plus honorables & les plus flatteurs. Après la Bataille de Raucoux, il lui fit préfent de
fix pièces de canon qui faifoient partie de l'artillerie prife
fur les ennemis; honneur rare, & qui de la part d'un Roi
eft la marque de la plus grande confiance. Il lui avoit déjà
donné le Château de Chambord, pour en jouir durant fa vie
comme d'un bien propre. Le Mariage de M. le Dauphin
avec la Princeffe Royale de Saxe, mit le comble à la confidé-
ration dont jouiffoit le Maréchal. En 1747 il fut créé Maréchal Général de toutes les Armées du Roi. Les provifions
font datées du 12 Janvier. Enfin au mois de Janvier 1748,
le Roi le nomma Commandant Général de tous les Pays-
Bas nouvellement conquis. Je fuis entré dans tous ces détails, parce qu'ils font autant d'honneur au Souverain qui
récompenfe, qu'au Sujet qui mérite de l'être.

Page 29. (*y*) Berg-op-zoom avoit été affiégée deux
fois, l'une par le Prince de Parme en 1588, l'autre par
Spinola en 1622, & ces deux Généraux avoient vû tous
leurs efforts échouer devant cette Place. La conquête en étoit
plus difficile encore, depuis les ouvrages immenfes que le
célèbre Cohorn avoit ajoutés aux anciennes fortifications.
Les inondations dès marais, l'abondance de toutes fortes
de provifions, trois cents pièces d'artillerie, une garnifon
nombreufe, une armée redoutable qui étoit aux portes de
la Ville, tout confpiroit à faire croire à l'Europe qu'une
telle entreprife ne pouvoit réuffir. M. de Lowendalh vainquit tous les obftacles; & la Ville fut prife l'épée à la
main le 11 Septembre 1747, lorfque la brèche étoit à
peine praticable. On trouva dans le Port dix-fept grandes

barqúes chargées de provifions, avec cette adreffe en gros caractères, *à l'invincible garnifon de Berg-op-zoom.*

Page 30. (z) Le Maréchal de Saxe mourut à Chambord le 30 Novembre 1750, après neuf jours de maladie. Son intention avoit été de n'avoir ni fépulture ni pompe funèbre. Il avoit demandé que fon corps fût brûlé dans de la chaux vive, *afin*, ajouta-t-il, *qu'il ne refte plus rien de moi dans le monde, que ma mémoire parmi mes amis.* Le Roi, trop jufte & trop fenfible pour foufcrire à cette demande, voulut donner à fes Sujets l'exemple d'honorer ce grand Homme, même lorfqu'il n'étoit plus. Son corps fut embaumé, & tranfporté avec la plus grande pompe à Strafbourg, pour y être inhumé dans l'Eglife Luthérienne de S. Thomas. On prodigua à fa cendre tous ces honneurs funèbres, fi vains lorfqu'ils ne font accordés qu'aux titres & à la naiffance, fi refpectables lorfque c'eft un hommage que la reconnoiffance rend au mérite. Le beau Maufolée dont le modèle a déja été admiré au Louvre, & qui doit être exécuté en marbre par le célèbre Pigale, cet homme fi digne d'immortalifer les Héros, achevera de confacrer la reconnoiffance du Roi, & la gloire du Maréchal.

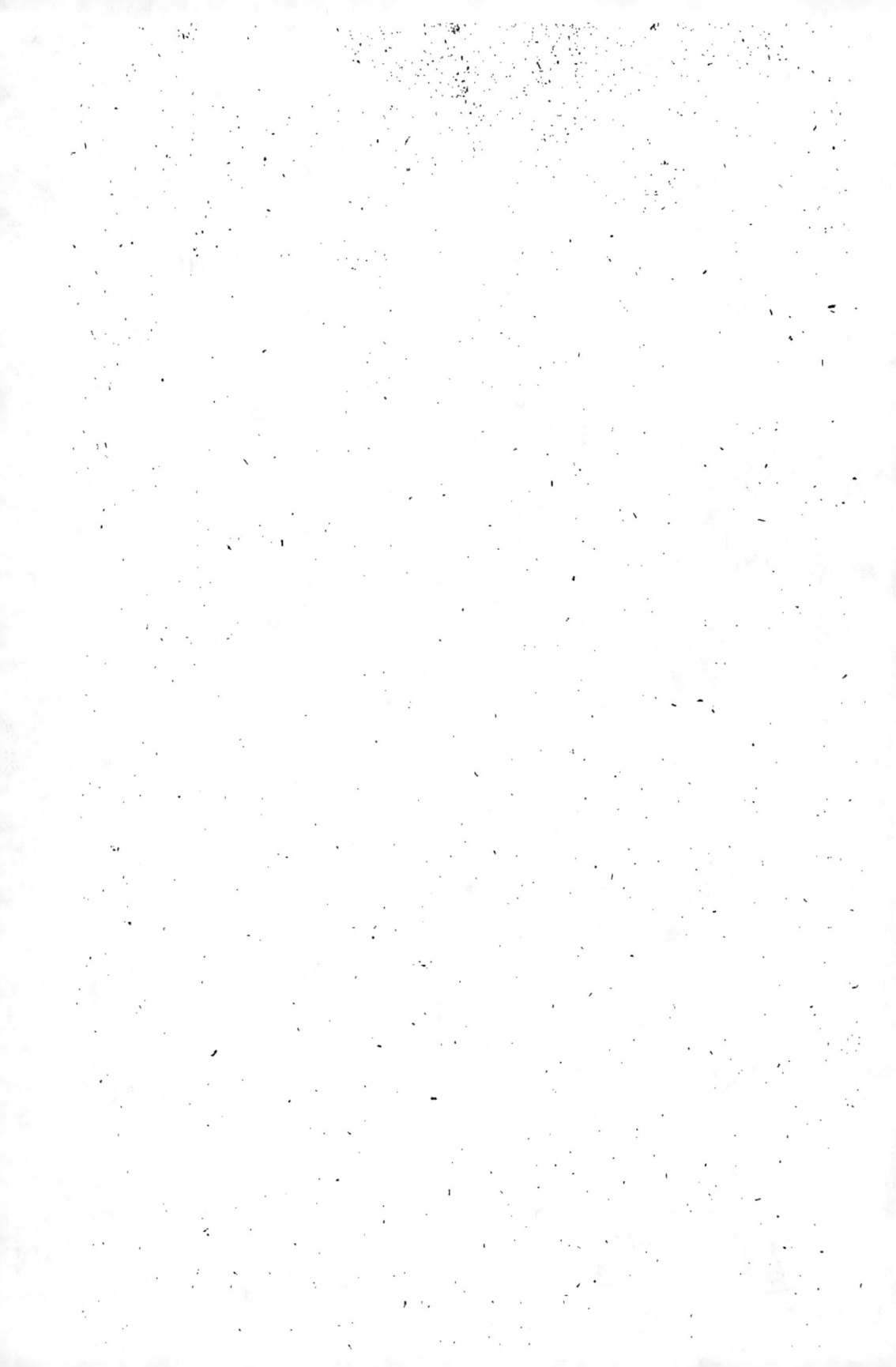

www.ingramcontent.com/pod-product-compliance
Lightning Source LLC
Chambersburg PA
CBHW060744280326
41934CB00010B/2343